老 — 간도사진관 — 金
OLD PHOTOS OF KOREAN-CHINESE
시리즈 002
金达莱老相馆

기억의 기록

相 — 류은규 · 도다 이쿠코 — 达

馆 — 土香 — 莱

'간도사진관' 시리즈
Old Photos of Korean-Chinese Series

'간도'는 원래 우리 민족이 집단으로 거주한 땅을 일컫는 말인데, 이제 지도상에서 찾아볼 수 없는 지명이 되었다. 여기서는 '간도'를 헤이룽장黑龍江, 랴오닝遼寧, 지린吉林 등 중국 동북 삼성의 우리 동포를 가리키는 상징적인 단어로 쓰고자 한다.

'사진관'은 지난 시절에 기록을 남기기 위해 필수적인 역할을 했던 곳이다. 디지털 사진이 나오기 전, 우리는 한 장의 사진을 얻으려면 꼭 '사진관'을 찾아야만 했다. '사진관'의 사진사들은 인상사진은 물론, 결혼식이나 회갑 같은 가족 행사, 학교나 축제 같은 단체 행사, 광고, 보도, 풍경, 예술 등 다양한 영역을 다루었다.

역사를 증명하는 자료사진, 재중동포 사진사가 찍은 기념사진이나 생활에 밀착한 다큐멘터리, 그리고 류은규가 촬영한 작품 등 다양한 사람이 서로 다른 의도로 찍은 사진을 한곳에 모아 정리하다 보니 재중동포 삶의 흔적을 기록하는 광대한 생활사 다큐멘터리가 되었다.

그것이 바로 '간도사진관'이다.

Contents 목차

책을 펴내며 - 시대를 각인한 사진사들　　　　　　　　　04
Foreword

1부. 여기는 베이징 천안문 (배경 그림과 패널)　　　　　08
Part 1. This is Beijing Tiananmen (Background Drawings and Panels)

2부. 만세불변색의 마법 (채색 사진)　　　　　　　　　36
Part 2. Eternal Color Magic (Colored Photograph)

3부. 미인송 구두 신은 처녀 (광고 사진)　　　　　　　70
Part 3. Girl in Beautifull Shoes (Advertising Photograph)

4부. 그리움은 영원히 (해방 전 사진)　　　　　　　　86
Part 4. Longing Forever (Pre-Liberation Photograph)

5부. 어찌 잊으리 (합성 사진)　　　　　　　　　　　108
Part 5. How Shall I Forget (Composite Photograph)

6부. 여기 보쇼~ (사진관 이야기)　　　　　　　　　140
Part 6. Look Here (Story from a Photo Studio)

마무리하며 - 기억의 기록　　　　　　　　　　　　158
Afterword

● Foreword

책을 펴내며

시대를 각인한 사진사寫眞師들

1. 사진관의 역할

1993년부터 헤이룽장성 하얼빈에 살면서 사진 자료집 [잊혀진 흔적-사진으로 보는 조선족 백년사] 작업을 진행하고 있던 나는 역사의 증인을 만나고, 당안국檔案局이나 도서관에서 먼지를 뒤집어쓴 자료에서 사진을 찾고 있었다.

생각해보년 일본학자가 남긴 자료사진도 학자들이 사진관 사람을 데리고 가서 찍으라고 시켰던 것이고, 개인 집에 걸려있는 액자 속 오래된 사진도 사진관에 가서 찍고 보관한 것이다.

촬영, 현상, 인화 등 프로세스가 어렵고, 개인이 카메라를 가지고 있지 않았던 시대, 한 장의 사진을 얻으려면 사진관을 거쳐야만 했다. 비록 찍은 이의 이름은 남지 않았지만, 모든 사진엔 사진사의 손때가 묻어있다.

중국의 사진관 역할은 자본주의 사회와 다를 수밖에 없다.
해방 후 국영화國營化 된 사진관은 인민해방군 부대에 들어가서 군인들도 찍고 관공서 홍보사진도 찍었다. 개인의 기념사진만 찍었던 우

Old photos of Korean-Chinese

리나라 사진관보다 훨씬 넓은 영역을 관할했고, 때로는 사람을 감시하는 정찰병 역할까지 짊어지고 있었다.

1997년부터 나는 연변조선족자치주 일대에서 사진관을 경영했던 사람을 찾아다니기 시작했다. 이미 개인이 카메라를 소유한 시대가 와서 시골 사진관은 거의 폐업상태였다.

그들이 가지고 있는 낡은 유리건판에서 민초들의 순수한 삶의 이야기가 들려오는 듯했다. 사진사 본인들은 인지 못 했겠지만, 그들은 시대를 각인한 역할을 지니고 있었던 것이다.

4 x 5.3cm

3.8 x 5.5cm

책을 펴내며 · 05

2. 사진사의 기술이 돋보이는 사진

본서에는 사진사들의 노력이 느껴지는 다양한 사진 170장이 실려 있다. 사진사의 테크닉이 돋보이는 것과 유머러스한 사진을 많이 보여주려고 시도해봤다.

배경 그림과 패널을 이용한 사진들이 참으로 재미있다. 사진관에 상비된 소품은 그 나라 그 시대를 보여주는 장치인데, 거기에 옷이나 피사체의 표정이 추가되면서 사회를 비추어주는 거울이 된다.
채색 사진도 아주 흥미롭다. 60년대 한국에서도 잠깐 존재했다가 컬러필름이 보급되면서 바로 쇠퇴해버렸는데, 중국은 땅이 넓다 보니 컬러필름의 전파속도가 느려서 채색 사진이 유행한 시대가 1970년대 말까지 이어졌다.
그래서 그런지 채색의 테크닉이 상당히 발달하였고, 예술의 경지까지 올라갈 만한 표현을 볼 수기 있다.

합성사진을 만드는 특수기법은 나도 대학에서 배웠는데, 전문 교육기관이 없었던 시절 사진관에서 그 영역까지 담당하고 있었다.

사진관을 찾아온 사람을 대할 때 사진사의 마음을 나는 상상해본다. 고객이 원하는 것은 대부분 아름답고 행복한 추억이다. 사진사는 즉흥적으로 그들의 마음을 파악하고 오래오래 간직하고 싶어하는 사진을 찍으려고 머리를 썼을 것이다.
필름의 낭비는 금물. 배경, 소품, 구도, 광선 등 사진관 안의 한정된 조건을 최대한 활용해서 단 한 컷의 '좋은 사진'을 찍기 위해 사진사는 집중한다.

3. 감추어져 있던 삼분의 일의 우리 사진사寫眞史

한국 사진사寫眞史라고 하면 해방 전까지의 항일운동이나 생활 모습, 해방 후의 우리나라 사진만 생각하는데, 사실은 북한과 중국 조선족 사진사寫眞史도 우리가 함께 품어야 할 범주라고 나는 생각한다.

내가 재중동포의 사진기록을 모으고 정리하는 일은 그동안 소홀히 해왔던 삼분의 일의 우리 사진사寫眞史를 찾는 일이기도 하다. 1993년 한중수교 이전 그들의 모습은 우리가 정말 몰랐던 생소한 부분이다. 본서에서는 해방 전부터 1980년대 말까지, 아직 한국을 경험해 보지 못했던 재중동포의 사진을 망라했다.

옛 사진들은 왜 이리 내 가슴에 여운을 남길까?
많이 찍다가 쉽게 지워버리는 디지털 사진과 전혀 다른 무게감이 옛 사진에는 있다. 물론 필름 구입과 현상, 인화에 따른 경제적인 부담과도 무관하지 않겠지만 말이다.

나는 오래된 사진을 보면서 사진사寫眞師와 피사체가 공감하며 만들어낸 행복한 기운을 느낀다. 아름다운 추억을 영원히 간직하고 싶은 간절한 마음이 있었고, 전문 기술을 지니고 촬영을 즐겼던 사진사가 거기에 있었다. 사진관은 추억을 시각화하고 후대에 남기는 중개자 역할을 했다.

따스하고 감미로운 옛 사진의 매력을 독자 여러분도 느껴보시기를 바란다.

류은규

1부

여기는
베이징 천안문

(배경 그림과 패널)

Part 1.
This is Beijing Tiananmen
(Background Drawings and Panels)

1975년 지린성 연변延邊조선족자치주 도문圖們
'대양의 항해는 조타수에 의하고, 혁명은 모택동 사상에 의해야 한다'

Part 1. This is Beijing Tiananmen

1970년 헤이룽장성 하얼빈 '인민을 위해 복무한다' 구호
5.5 x 7.1cm

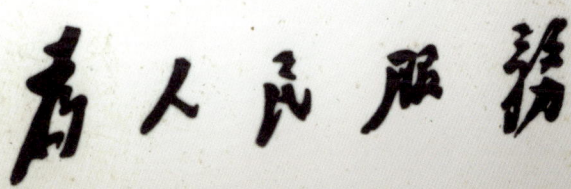

'대양大洋의 항해는 조타수에 의한다.'라는 모택동毛澤東의 말에 근거하여 제국주의 침략에 맞서 강대한 해군을 만들어야한다는 지시를 표현한 배경 그림이다.

높이 넓이가 2미터 30센티 정도의 배경그림에서 80센티 정도 앞에 나무로 난간을 만들어 배경에 그림자가 생기지 않도록 조명을 조절해서 촬영하면 마치 망망대해를 항해하는 배 위에서 찍은 것 같은 분위기를 연출할 수가 있다.

Part 1. This is Beijing Tiananmen

'70년대를 맞이하여 8·1기념' 김영걸
8월 1일은 중국인민해방군 건군의 날이다

문화대혁명 시기(1966~1976년) 베이징 천안문이 그려져 있는 배경 그림이 인기가 높았다. 손에는 빨간 '모택동 어록'을 들고 사진을 찍었다.

Part 1. This is Beijing Tiananmen

1968년 1월 21일 김화수 결혼기념 연변 도문
'모 주석의 지시 따라 나는 행동한다
모 주석 손에 이끌어 나는 전진한다'

发展体育运动 增强人民体质

72年8月26日

1972년 8월 26일 '체육운동으로 인민체질을 강하게 하자' 랴오닝성 신빈新濱

空軍滑冰
比賽紀念
1953.1.3
於哈尔濱

1953년 1월 3일 공군스케이트시합 하얼빈

1974년 연변 왕청현 구자호

Part 1. This is Beijing Tiananmen

1953년 1월 30일 '기간민병 훈련기념'

중화인민공화국 건국 이후 국가가 동원하는 '민병' 제도가 도입되었고 토비土匪 숙청, 국공내전, 항미원조抗美援朝(한국전쟁) 등으로 동원되었다. 1950년대 소련과의 관계 악화로 인해 중소 변경 방비를 위한 '민병'으로 동북 지방의 조선족도 많이 동원되었다.

연변 연길사진관

'전우 만남 기념' 헤이룽장성 해윤 海倫

Part 1. This is Beijing Tiananmen

1989년 연변 용정龍井

1989년 용정

Part 1. This is Beijing Tiananmen

랴오닝성 신빈

Part 1. This is Beijing Tiananmen

1949년 5월 15일 '도강기념'
9.3 x 7cm

배 패널을 사용해서 찍은 사진은 해방 직후 공산당과 국민당의 '국공내전' 시기인 1949년 4월 20일부터 중국인민해방군 병사들이 양자강長江을 건너 국민당 정부가 있던 난징南京을 함락시켰던 '장강 전역'을 뜻한다.

이 공격으로 난징에 있던 장개석蔣介石 정부는 타이베이로 옮겼고, 1949년 10월 1일 중화인민공화국이 건국되었다.

1950년 '그리운 학창 시대'

Part 1. This is Beijing Tiananmen

7.1 x 4cm

1957년 리순남 1930년생 연변 왕청   5.9 × 8.2cm

Part 1. This is Beijing Tiananmen

5.2 x 7.2cm

1950년대 '계획경제시기'에 간부들이 탑승하는 국산 자동차 '상해上海'가 생산되었다. 상해 차 패널은 사진관마다 사람들의 인기를 끌었다.

Part 1. This is Beijing Tiananmen

국영 왕청사진관 10 x 6.1cm

지린성 도문과 장춘 사이의 직통 급행열차 패널

Part 1. This is Beijing Tiananmen

왕청현 동광촌 한룡철 둘째 아들과 친구

2부

만세불변
색의 마법

(채색 사진)

Part 2.
Eternal Color Magic
(Colored Photograph)

Part 2. Eternal Color Magic

5.9 x 7.8cm

인물사진 주변에 텔레비전과 꽃병을 그려 채색했다. 요즘 같으면 '예술 사진'으로 평가 받을 수 있는 경지다.

1970년대 용정 승지촌 부녀들의 '사회주의는 좋다' 공연 기념

Part 2. Eternal Color Magic

컬러 사진이 보급되기 전인 1970년대 말까지 흑백사진에 색칠한 채색 사진이 유행했었다.
렌즈나 필름, 인화할 때 약품의 질 문제로 사진의 선명도가 떨어지고 퇴색하기 쉬운 문제점을 극복하기 위한 방법이기도 했는데, 사진관마다 색칠 솜씨를 자랑하기도 했다.

아주 가는 붓을 사용해 먼저 연한 색부터 시작하고 조금씩 진하게 색을 입혀 가는데, 조색한 색을 손에다 묻히면서 자연스러운 피부색을 표현하려고 했다. 붓은 담비의 꼬리털이 으뜸이었다.

유화 물감과 수성 '색 책' 등을 이용해서 색을 입히는데, 유화 물감으로 피부색을 나타내려면 먼저 차색(연한 갈색)으로 기본 베이스 색을 만든 다음 토색(진한 갈색)을 입힌다. 색칠 작업은 주로 사진관 여직원들이 했는데, 섬세하고 인내심이 필요한 작업이었다.

문화대혁명 시절 국영으로 운영한 사진관에서 부업으로 색칠을 맡은 직원들이 적지 않은 수익을 올리기도 했었다.
많은 채색 사진을 보면 완벽한 솜씨를 자랑하는 것이 있는가 하면, 몇 가지 색만 남아 나머지는 퇴색해버린 아쉬운 것도 많다.

상하이에서 만든 채색용 수성 물감인 '색 책'

'1979년 10월 1일 기념' 도문 홍광사진관 김영걸

Part 2. Eternal Color Magic

1951년

1951년 박말수

Part 2. Eternal Color Magic

1951년 서수분

1966년 헤이룽장성 아성阿城 안금덕, 김옥분 가족

Part 2. Eternal Color Magic

1950년 랴오닝성 신빈 박옥순

1950년 박금선

1951년 10월 3일 상장받은 강순옥

Part 2. Eternal Color Magic

1952년 7월 20일 '졸업을 맞으면서' 김옥순

2부 만세불변 색의 마법 · 53

1956년 10월 1일 약혼기념

Part 2. Eternal Color Magic

1956년 4월 랴오닝성 심양瀋陽 중산공원

2부 만세불변 색의 마법 · 55

1964년

북한에서 찍은 사진이다. 평양의 '천리마 동상'을 그린 배경 그림이 있다.

Part 2. Eternal Color Magic

5.8 X 8.2cm

왕청현 구자호 한룡철 딸과 친구

1960년 백일기념 용정현 삼합三슴 북흥촌北興村

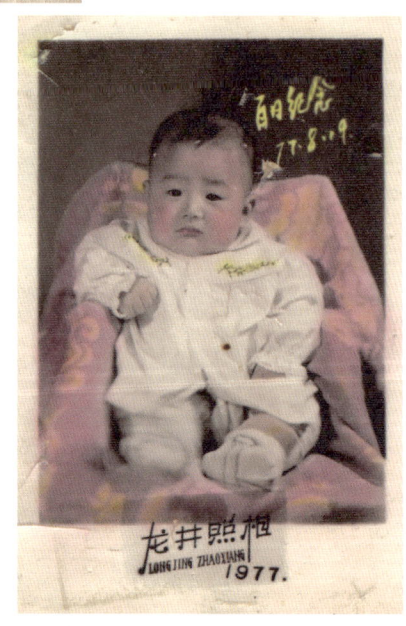

1977년 8월 19일 백일기념 용정사진관

Part 2. Eternal Color Magic

1972년 이종식 약혼기념 하얼빈

1979년 소년 시절

Part 2. Eternal Color Magic

1979년 5월 1일

1959년 석현사진관 박춘산

표면이 울퉁불퉁한 밀착용 가스라이트 인화지(gaslight paper)는 사진관에서 가장 널리 사용된 인화지다. 밝은 노광을 줄 수 있어서 사용하기가 아주 편하고 필름의 상처도 숨겨줄 수 있어 깨끗하지 않은 필름을 커버해주는 역할을 해주었다.

1981년 6월 11일 '재미있는 삼형제'

Part 2. Eternal Color Magic

석현사진관

중국에서의 첫 농업대학으로 1958년 5월 1일에 개교한 연길현 새벽농민대학. 농사에 종사하는 지식 청년을 받아들여 농업 기술을 전수했다.

3부

미인송 구두 신은 처녀

(광고 사진)

Part 3.
Girl in Beautifull Shoes
(Advertising Photograph)

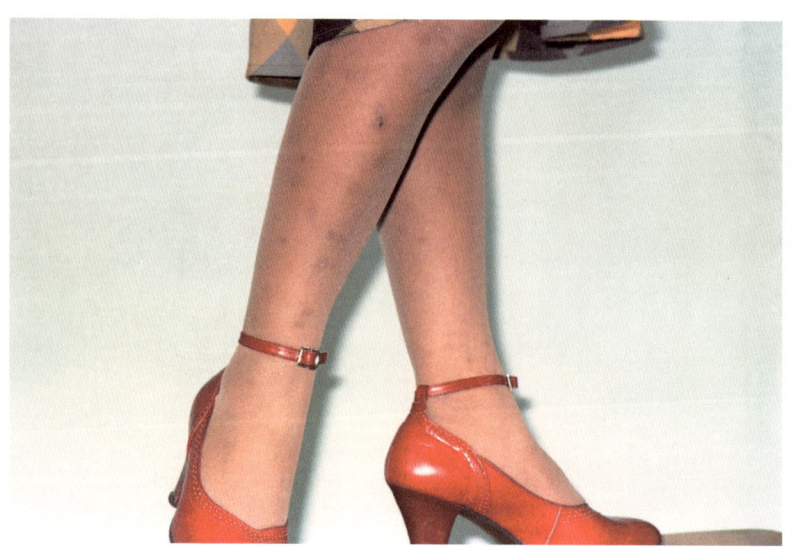

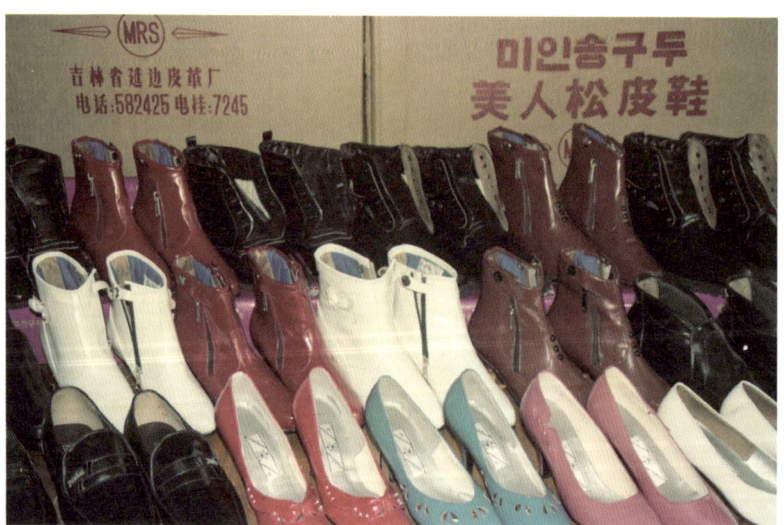

1987년 신발공장

1989년 신발광고

일반적으로 사진을 순수, 광고, 다큐멘터리, 특수기법 등 네 가지로 분류하는데, 순수사진과 광고사진은 중화인민공화국 설립 이후 문화대혁명이 끝난 1976년까지 사실상 금지되어 있었다.
특히 광고는 자본주의 길로 나아가는 나쁜 것이라는 개념이었고, 국영공장에서 홍보에 대해 신경을 쓸 생각도 안 했던 것이다.

그런데 1978년 '개혁개방 정책'으로 인해 문화예술 분야가 활기를 띠기 시작했다. 중국 사진계에서는 그들의 전환기를 1979년 4월에 베이징에서 열린 첫 번째 예술사진전 [자연, 사회, 사람]으로 꼽는다. 물론 그 이전에도 '자칭 예술사진'은 존재했는데, 자본주의 국가에서 보면 그것은 정치 선전용 '프로파간다'에 불과했다.

1980년에 들어서 중국 각지의 대도시를 중심으로 광고사진 촬영이 시작되었는데, 그 열풍이 동북 지빙까시 파급하려면 시간이 좀 걸렸다. 내가 1993년 헤이룽장성 하얼빈에 있을 때 거리에서 본 광고판은 홍콩 등지에서 찍은 사진을 인용해 상품만 앉은 광고나 외국 모델 화보 사진을 보고 그린 그림이었다.

연변에서는 1980년대 중반쯤 돼서 광고 사진을 찍기 시작했는데, 그 당시 촬영한 필름을 보면 단순히 공장 내부나 상품을 소개하는 수준이었다는 것을 알 수 있다.

Part 3. Girl in Beautifull Shoes

1987년 사이다공장

3부 미인송 구두 신은 처녀 · 75

1989년 인삼가공공장

Part 3. Girl in Beautifull Shoes

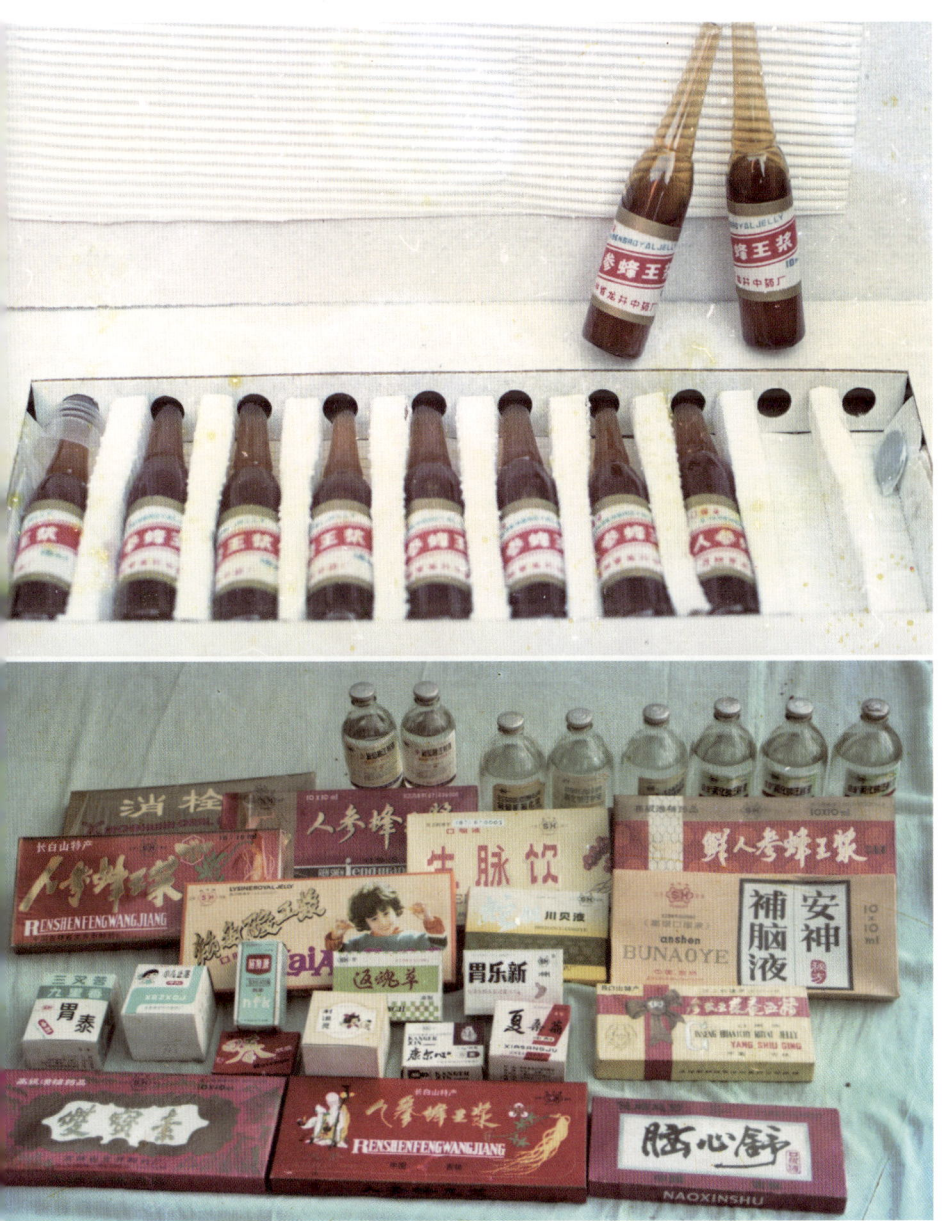

3부 미인송 구두 신은 처녀

1987년 '간이 랭면'

Part 3. Girl in Beautifull Shoes

1987년 냉면공장

1987년 민족가구공장

Part 3. Girl in Beautifull Shoes

1987년 민족가구공장

1987년 용정 아동식품공장

Part 3. Girl in Beautifull Shoes

1987년 낫공장

기쁨도 그대로 담아

1984년 BC맥주 광고.

연길 맥주 홍보 사진. 1958년에 설립된 연길 맥주 공장은 산둥山東성 칭타오靑島에서 온 기술자한테 전수를 받아 생산을 시작했고, 'BC冰川맥주'라는 상호로 연변을 대표하는 브랜드로 널리 알려져 있다. 1990년대에 하얼빈 맥주 공장, 현재는 광둥廣東 버드와이저 맥주 공장과 합작하여 BC맥주를 생산하고 있다.

4부

그리움은 영원히

(해방 전 사진)

Part 4.
Longing Forever
(Pre-Liberation Photograph)

랴오닝성 환인(桓仁)에서 이 사진을 봤을 때 백 년 가까운 세월이 지나는 데도 얼굴이나 손 주름까지 선명하게 보이는 완벽한 디테일 처리에 감탄했다.

햇빛이 아주 강하지 않은 약한 흐린 날을 골라서 촬영했을 것이다. 캐비넷 판 사이즈 유리건판을 작게 나누지도 않고 한 장에 한 사람씩 촬영했다. 정성 들여 찍은 유리건판을 사진사는 질 좋은 약품으로 현상 처리하고, 수세 몇 분, 정착 몇 분이라는 기본에 충실하게 밀착 인화한 다음, 고급 종이로 앉혀서 예쁘게 테두리까지 만들어 놓았다.

웬만한 노력으로는 나오기 힘든 이 사진을 가족은 아마도 쌀 몇 가마니 지불해서 얻었을 것이다. 그리고 이 사진을 오랫동안 보관해왔던 아들은 부모님의 사진을 문화대혁명 시기 베개 속에 감추고 있었다고 설명했다.

1909년 랴오닝성 환인
각 16.5 x 21.5cm

Part 4. Longing Forever

1944년 주장홍 1928년생
당시 독립군이었음

해방 전 사진을 보면서 한 장 한 장이 아주 정성스럽게 찍혔다는 것을 느낀다. 누가 찍었는지, 때로는 누가 찍혔는지 표시도 안 되어있지만, 피사체와 사진사의 인간관계가 돈독했다는 인상을 받아 조선 사람이 조선 사람을 찍지 않았을까 상상해본다.

1939년 박동환 간도間島성 훈춘

사진사들은 실내에서도 자연광을 잘 다루었고, 1분 정도의 장시간 노출을 견디기 위해 의자에 앉혀서 촬영한 경우가 많았다. 또한 아웃포커스가 잘 되게 배경처리도 잘했다.
한 장의 사진에 많은 것을 압축시키려던 노력이 돋보인다.

Part 4. Longing Forever

1939년 5월 8일 이동화 아버지 71세 기념

1939년 류성○ 공립보통학교 5학년

Part 4. Longing Forever

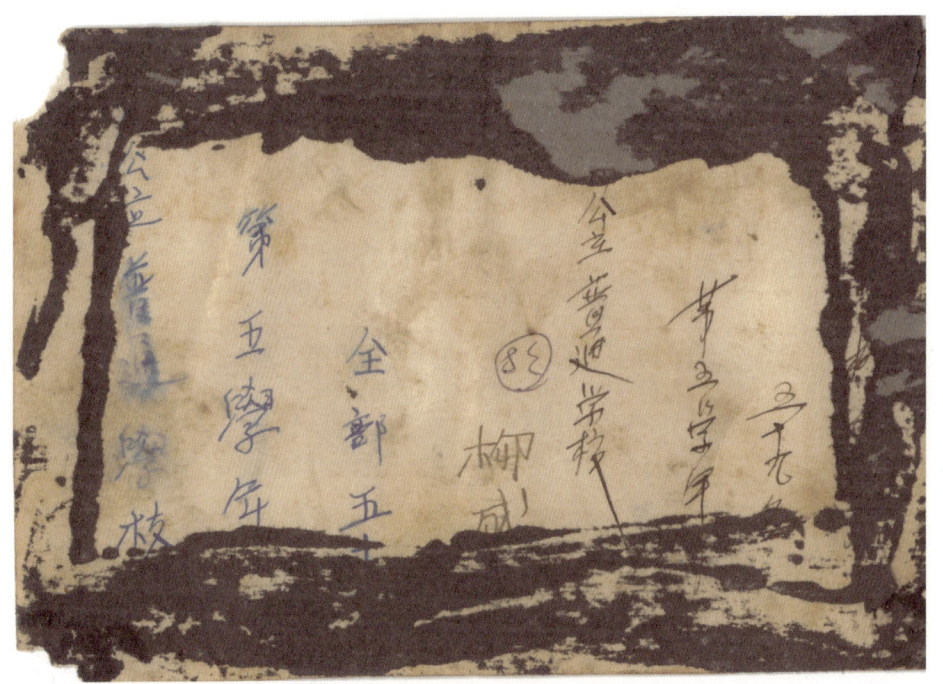

종이가 붙어있던 사진 뒷면 글씨로는 이름을 제대로 알아보기가 힘들다

1940년 박옥순 시집 가기 전 헤이룽장성 해룡

연변에서 쓰는 카메라 기자재 용어가 거의 일본어로 되어있는 것으로 미루어, 해방 전부터 사진 관련의 많은 부분이 일본에서 들어왔다는 것을 알 수가 있다. 인화지나 약품의 질도 수입품을 썼던 해방 전이 오히려 좋았다.

Part 4. Longing Forever

1940년 봄 김채월 간도성 도문

1940년 이길남의 친족. 당시 용정중학교 학생이었음

Part 4. Longing Forever

1940년 이동춘 하얼빈

1907년 서울에 문을 연 천연당사진관이 대한매일신보에 낸 광고에 '만세불변색사진'이라는 구절이 보인다. 사진술이 바로 퇴색과의 싸움이기도 했는데, 해방 전 사진들은 아주 부드럽게 탈색되었고, 황색으로 변했지만 참 아름답다고 느껴진다.

1943년 하애순 봉천奉天성 신빈

Part 4. Longing Forever

국경을 맞대고 있는 간도에서는 헤어지면 언제 다시 볼 수 있을지 몰라 사진을 더 많이 찍지 않았을까 상상해본다. 많은 사연이 숨어있는 오래된 사진은 참으로 정겹다.

Part 4. Longing Forever

용정 부유향 상마촌의 82세 이두현이 1935년 함경북도 회령에서 찍었음

Part 4. Longing Forever

4부 그리움은 영원히 · 105

……アルバム委員と技師……

앨범 위원과 사진 기사

Part 4. Longing Forever

1938년 만주국 간도성 용정촌 사립 동흥중학교 졸업앨범 뒤쪽에 이 앨범을 제작한 사진사와 학생들의 기념사진이 있다.
권말의 표기에 의하면 촬영했던 곳은 금강사진관이고 사진사들은 모두 조선 사람이었다.

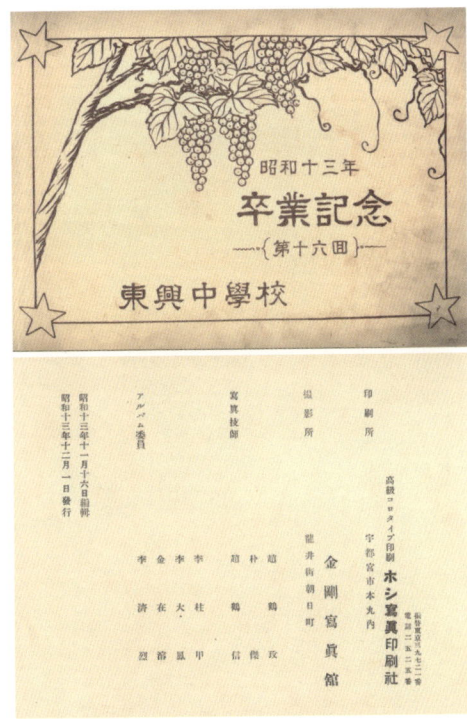

4부 그리움은 영원히 · 107

5부

어찌 잊으리

(합성 사진)

Part 5.
How Shall I Forget
(Composite Photograph)

1958년 아버지 류성호, 아들 류길춘

Part 5. How Shall I Forget

110~117쪽은 풍경이나 명승고적 같은 이미지를 합성한 사진인데, 작은 사진을 좀 더 크게, 화려하게 보이게 하는 의도도 있었고 1950~70년대에 유행했던 스타일이다.
이미지는 화보에서 복사하거나 야외에 나가서 좋은 풍경을 찍어둔 것을 이용했다.

유리 건판으로 찍은 인물사진을 먼저 밀착 인화한 다음, 하단에 원하는 이미지를 앉혀 다시 인화한다. 상단, 하단 각각 빛을 쪼일 때 빛이 새지 않도록 조심하고 두 번 인화한 후에 아래위 이미지가 잘 어울리도록 붓으로 수정을 가한다.

Part 5. How Shall I Forget

1980년 설날

1977년 9월 24일 백일기념 왕청사진관

1960년 연변 도문시 석현진 박춘산 약혼기념

Part 5. How Shall I Forget

1960년대 연변 왕청 정명숙 등

약혼기념 하얼빈

Part 5. How Shall I Forget

1951년 연변대학교 학생들

합성사진은 필름에 그린 글씨나 그림을 활용해서 더욱 다양한 연출도 가능한데, 한 장의 사진으로 나올 때 인물과 이미지가 자연스럽게 합쳐져 보이도록 하는 노력이 필요하다.

12월 31일 왕청현 동광촌 한룡철 둘째 아들과 친구
'행복의 기념사진'

Part 5. How Shall I Forget

1959년 용정

북한에서 찍은 사진이다.
한복이나 그림 분위기가 중국과 다르다. 연변에는 함경도에 친지들이 있는 경우가 많아 편지나 사진을 보내 교신하였다. 사진관 직원의 솜씨가 돋보이는 귀중한 한 장이다.

Part 5. How Shall I Forget

1950년 최선옥 우등생 기념

연변 훈춘 량수진

'모 주석 저서를 잘 배우고 활용하자'라는 구호 아래 모택동이 항일 전쟁 시기에 쓴 [인민을 위해 복무하다] [베튠을 기념하다] [우공 산을 옮기다] 등 세 가지 저작을 학습하자는 구호다. 이것이 바로 중화인민공화국 국민으로서의 도덕적 기초라 선전되었다.

Part 5. How Shall I Forget

1967년 1월 27일 동생과 함께

'세 가지 저작을 좌우명으로 하자'.
베튠은 캐나다인 의사이자 공산당원으로 1938년 중국으로 건너가 산시성 옌안延安에서 모택동과 함께 반제국주의 투쟁을 했던 인물이다.

5부 어찌 잊으리 · 123

6·25 한국전쟁이 발발하자 '형제국을 도와야 한다.'라는 모택동 지시에 따라 중국 인민지원군이 출병을 결정했고, 1950년 10월 19일 압록강을 넘어 진군했다.
많은 조선족이 인민지원군으로 입대하여 참전 기념사진을 남겼다.

Part 5. How Shall I Forget

1951년 4월 18일 '어찌 잊으리' 8 x 5.4cm

1953년 강순옥 송별기념

1954년 김승환

Part 5. How Shall I Forget

1950년대 석현진 이길남

1964년 왕청 김일주

따로 촬영한 세 장 필름을 나란히 인화한 것.
사진사의 친지가 아닐까?

1980년 도문시 석현진 박춘산

석현사진관 박춘산 주임은 촬영을 즐기면서 다양한 시도를 했다. 필름 반을 가려서 찍고, 방향을 바꿔 나머지를 다시 찍었다. 이음새 부분이 표시 안 나게 수정도 잘했다.

사진사가 사랑하는 애인한테 새해맞이 선물로 정성껏 공들여 만든 사진이 아닐까 상상해 본다.

많이 찍은 필름을 가지고 하나하나 인화했는데, 준비과정에도 시간이 오래 걸리고 인화할 때 톤을 맞추기도 힘든 작업이다. 사진 주변의 바림(보가시) 처리도 아주 잘했다.

Part 5. How Shall I Forget

1968년
정명숙 왕청

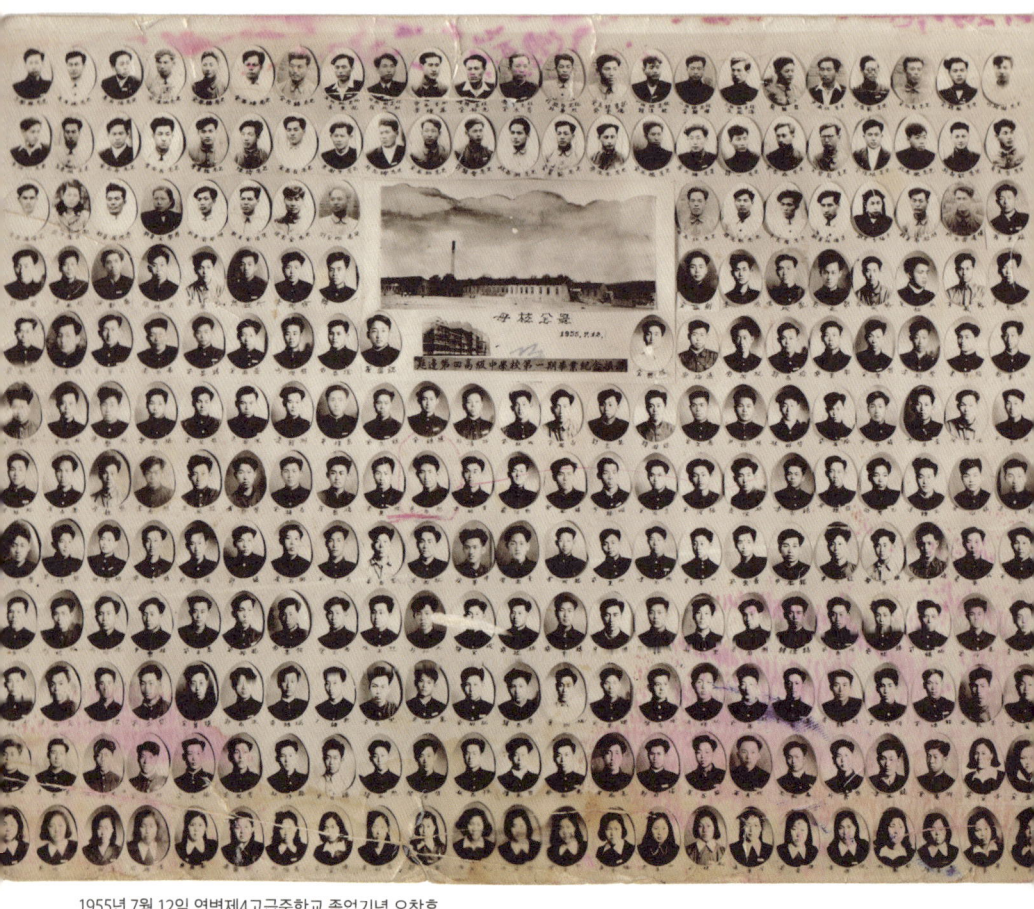

1955년 7월 12일 연변제4고급중학교 졸업기념 오창훈

한 사람씩 얼굴 사진을 찍고 인화한 것을 하나하나 가위로 잘라서 종이 위에 앉히고, 전체를 다시 촬영해서 만든 기법이다.

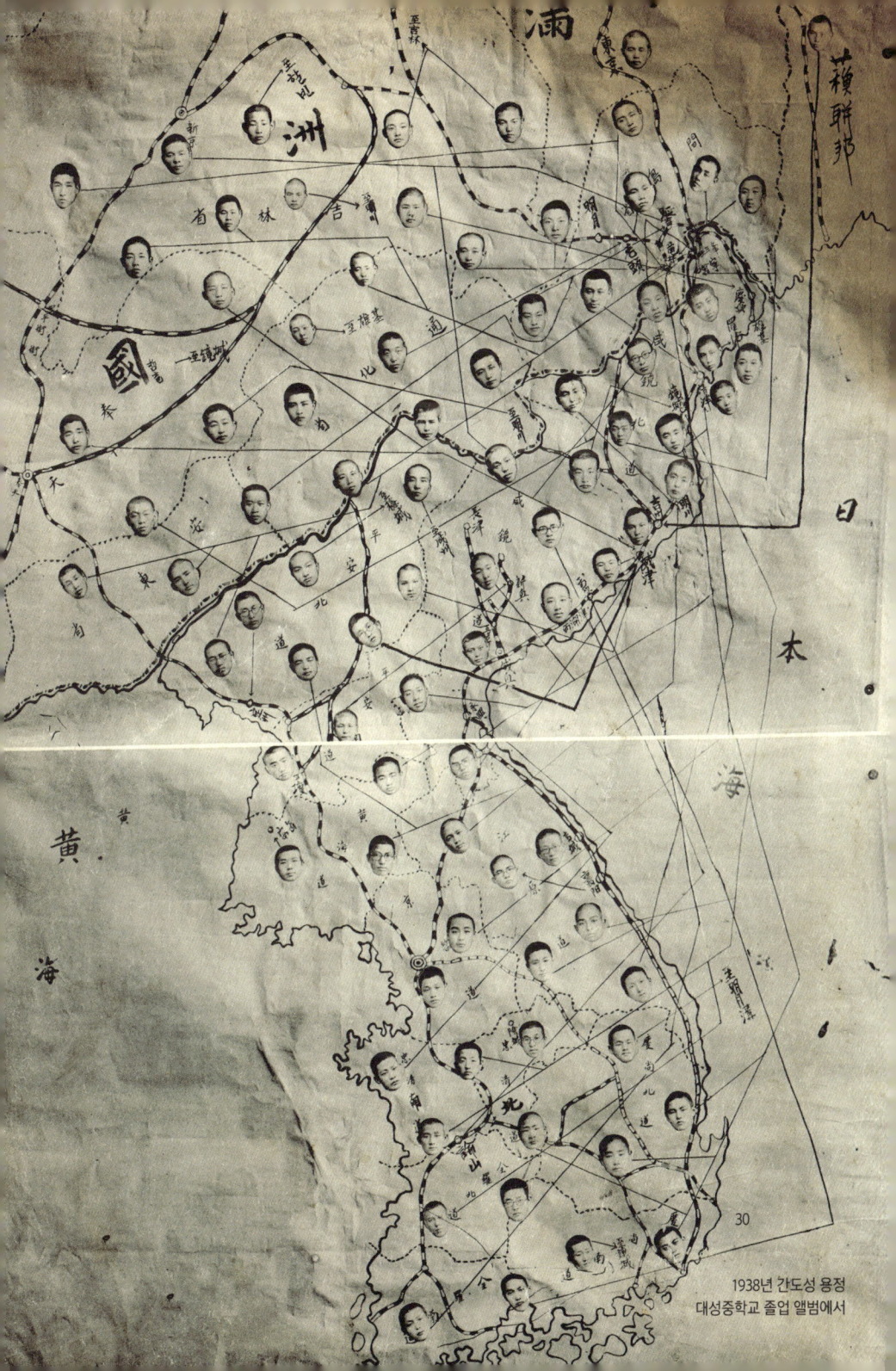

1938년 간도성 용정
대성중학교 졸업 앨범에서

1958년 7월 19일

Part 5. How Shall I Forget

1953년 7월 10일 헤이룽장성 목단강牡丹江시 임구林口현 제1조선족소학교 제9회 졸업기념

학생과 교사, 학교 건물을 따로 촬영하고 합성해서 만든 졸업사진. 어렵지 않은 방법이고 이음새 부분이 자연스럽지가 않다.

1960년 7월 31일 연길延吉현 조양천朝陽川중학교 제15회 졸업기념

Part 5. How Shall I Forget

1954년 7월 25일 연길현 제2구 보습학교 제1회 졸업생 일동

도문사진관 김영걸 씨가 촬영한 도문시 공안국 부근의 파노라마 사진. 끄트머리 부분이 잘 이어지게 노력했던 흔적이 보인다.

Part 5. How Shall I Forget

도문시 공안국 부근 파노라마 사진

6부

여기 보쇼~

(사진관 이야기)

Part 6.
Look Here
(Story from a Photo Studio)

사진관에서는 주로 나무로 제작한 대형 카메라로 촬영했다.
해방 후 사진사들은 반복해서 사용이 가능한 유리건판을 필름 대신
썼는데, 연변의 일부 사진관에서는 60년대 말까지 유리건판을 사용
했었다.

Part 6. Look Here

144쪽과 146쪽은 연변 도문시 석현사진관 박춘산 씨가 촬영한 유리 건판이며 유리 사이즈는 캐비넷 판(120mm×165mm)이다. 유리면에 감광성이 있는 약재를 도포해서 사진기에 앉혀 촬영하고, 인화지에 같은 크기로 그대로 밀착 인화했다.

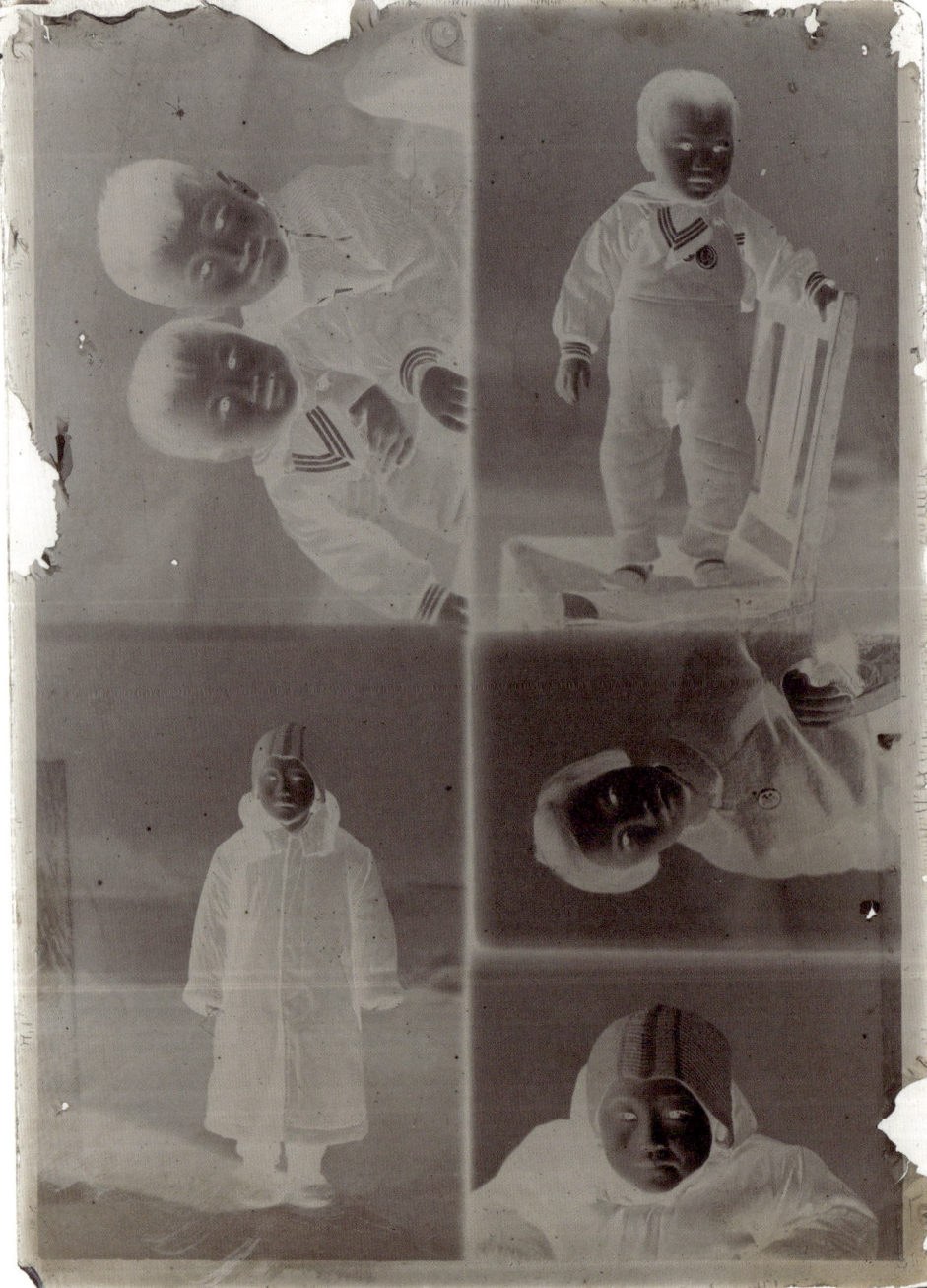

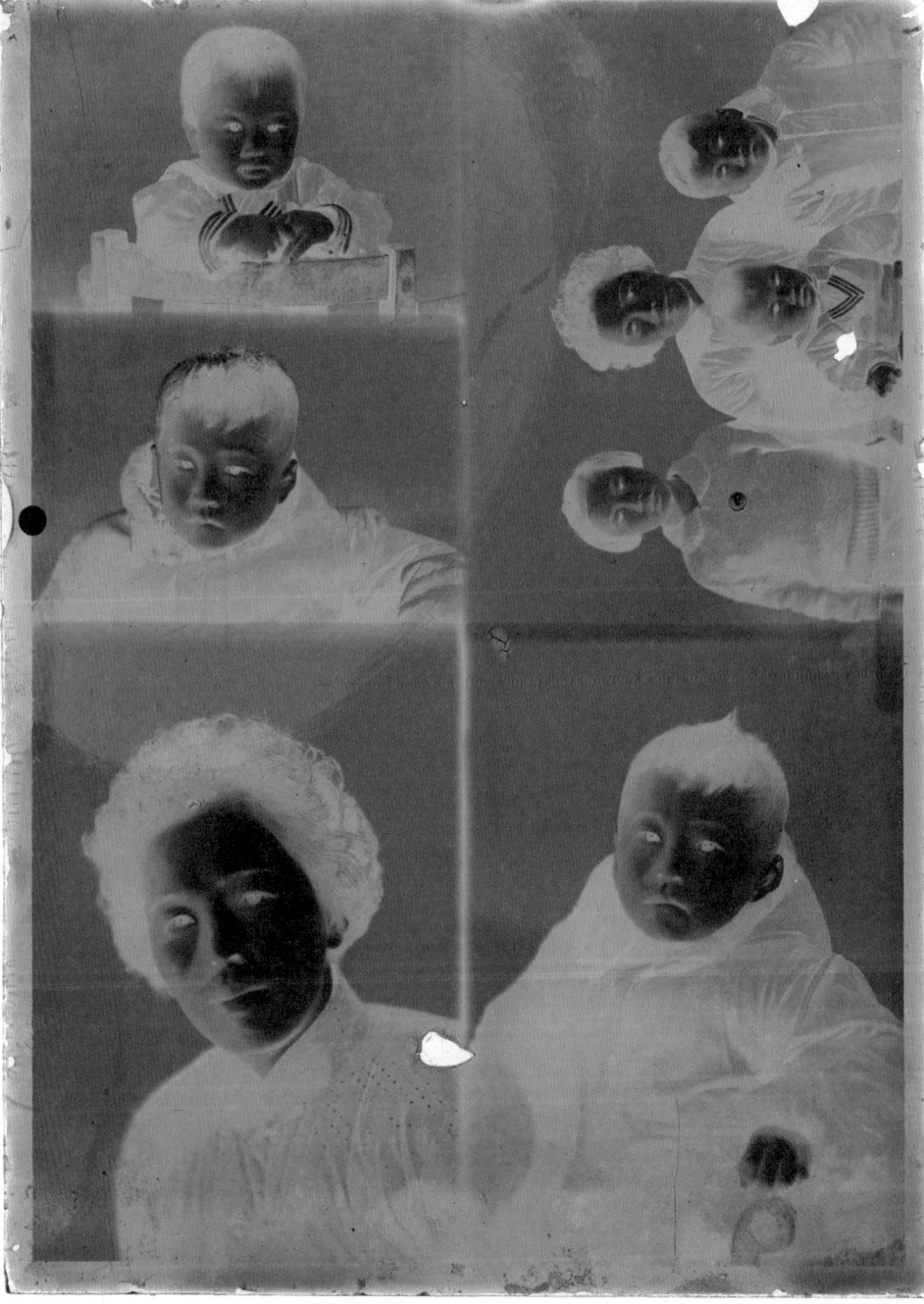

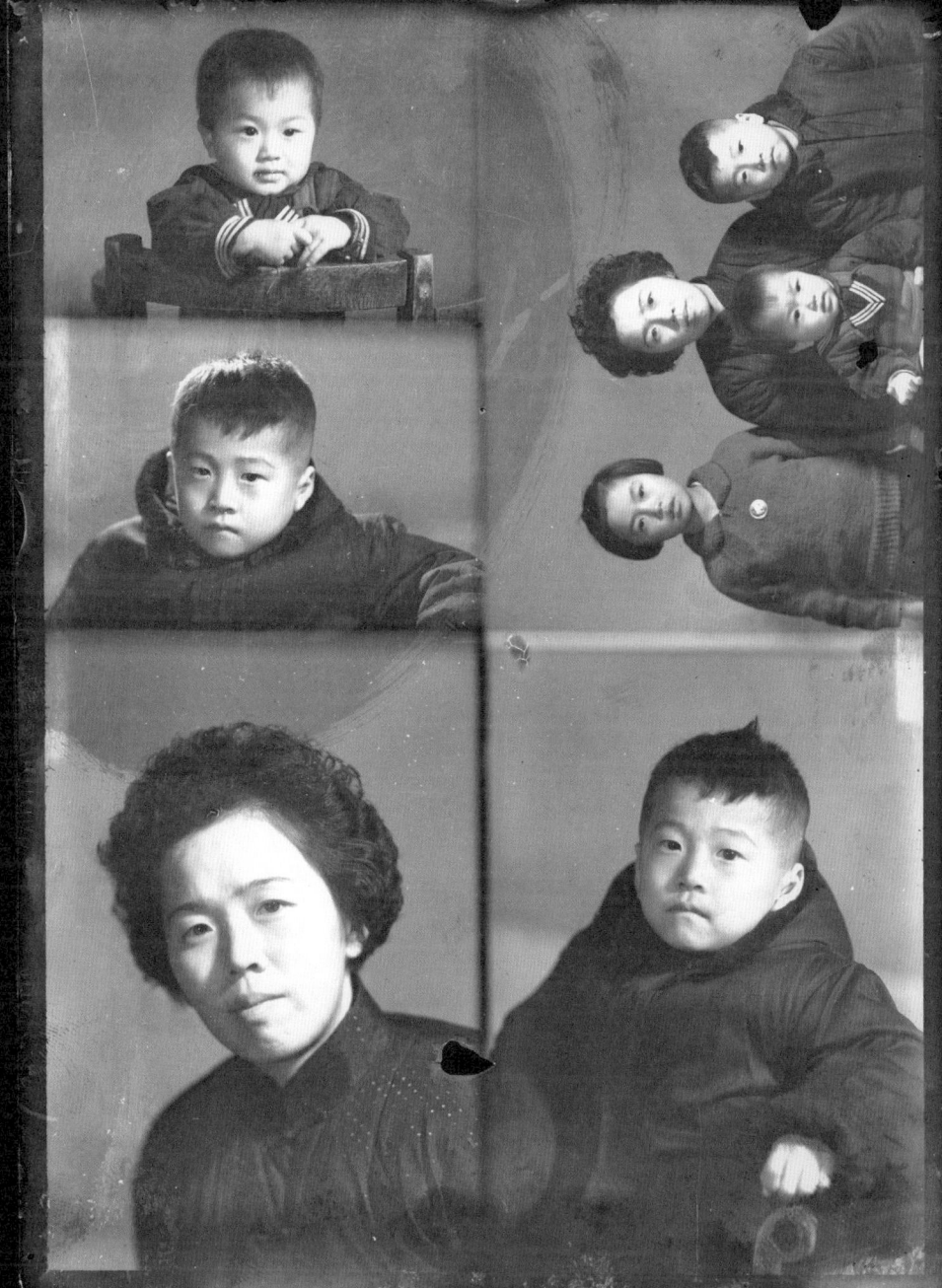

유리건판은 촬영하고 나서 유리를 깨끗이 닦고 다시 약품을 발라 새로 촬영한다. 지워진 이미지는 재생할 수가 없고 인화한 사진만 남는다. 또한 유리건판은 확대할 수가 없다.
유리를 오래 쓰다 보면 스크렛치가 나서 사진사들은 유리건판 위나 인화된 사진에다 얇은 붓을 사용해서 수정을 가하는 노고가 있었다.

석현사진관

Part 6. Look Here

국영 왕청현 미영사진관

1970년대까지 사진관에서 뽑은 사진은 기본적으로 필름 사이즈의 밀착이었고, 사진을 확대하려면 비용이 많이 들었다.

가끔 야외에서 졸업사진 등을 찍어야 할 때는 사진관에서 쓰는 대형 카메라를 소달구지에 싣고 가서 촬영하기도 했다.

1970년대에 보급된 필름은 푸젠성福建省 샤먼廈門에서 만들어졌다. 샤먼은 1842년 아편전쟁에 진 청나라가 영국에 대해 개항開港한 다섯 개 항구 중 하나이며 일찍부터 영국조계지租界地가 만들어진 국제도시로 외래문화가 들어왔다.

잘라서 쓴 시트필름 5.8 x 8.5cm

Part 6. Look Here

1970년대 샤먼에는 인도네시아와 합작한 사진 기자재 제작소가 있었으며 인도네시아 기술자들이 중국에 와서 작업을 했었다. 상하이 上海 등 다른 지역에서 생산한 필름보다 질이 좋아 연변 일대 사진관에서도 샤먼산 흑백필름을 애용했다고 한다.

그 당시 필름은 캐비넷 판 (120mm×165mm) 시트 필름을 주로 썼는데, 20×24인치 (508mm×609.6mm) 대형 시트 필름도 있었고, 암실에서 잘라서 사용했다.

1983년 '딸과 함께' 연길현 덕신공사

6부 여기 보쇼~ · 151

잘라서 쓴 시트필름 4 x 6cm

1984년 연길 4 x 6cm

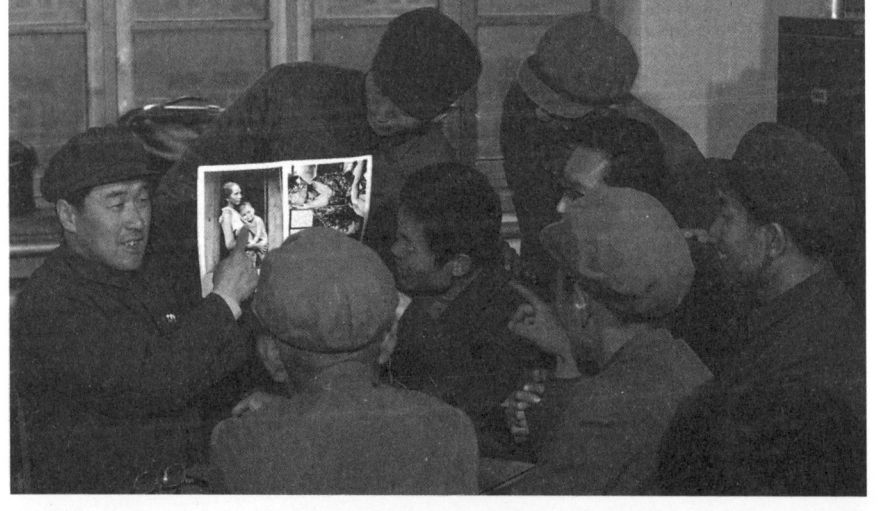

1983년 4월 1일~10일 연변 용정 촬영학습반

사진관 내부에서 쓰는 대형 카메라는 기동력이 없어서 야외 촬영용으로 상하이산 하이오海鸥 카메라를 썼는데, 부품 질이 안좋아서 자꾸 고장 나서 애를 먹었다고 한다.

Old photos of Korean-Chinese

1999년 연변 도문시 석현사진관
류은규 촬영

마무리하며 · 157

● **Afterword**

마무리하며

기억의 기록

사진술이 서양으로부터 중국으로 도래한 것은 청나라 시기인 1840년이었는데, '만주'라고 불렸던 동북 지방엔 제정 러시아가 동청東淸철도 공사를 시작한 1900년 전후 러시아인이 경영하는 사진관이 생겼다고 한다. 같은 시기 '학술조사'라는 명목으로 만주 일대를 답사한 일본학자가 남긴 사진도 있는데, 거기에 간도로 이주한 조선인 모습이 기록되어있다.

청일전쟁 시기 일본 히로시마함 앞에 있던 사진관이 아산만으로 출진하는 일본 병사들로 북새통을 이루었다는 일화로도 알 수 있듯이 사진의 보급엔 전쟁이 큰 역할을 했었다. 떠나는 혈육이 남긴 한 장의 사진을 가족들은 수없이 꺼내서 보고 오랫동안 간직했을 것이다.

조선에서의 이민이 몰려든 간도에 일찍부터 사진관이 들어선 이유는 늘 이별과 가까이 있었던 그들의 삶과 무관하지 않았을 것이다. 북간도의 중심지인 용정龍井에는 1900년대 초반부터 일본인과 조선인이 경영하는 사진관이 문을 열었다고 한다.

기억을 기록하는 도구가 바로 사진이다. 개인이 가지고 있는 기념사진은 추억일 뿐이지만, 많이 모아서 정리해보면 시대를 비추는 거울이 된다.

사람의 기억은 지워지기도 하지만 사진을 보면서 기억을 되새길 수 있다. 그래서 사람들은 추억이 담긴 사진을 쉽게 버리지 않는다. 다만 사진의 주인공이 죽으면 그 사진도 생명력을 잃게 되고, 부모가 돌아가시면 자식들이 부모님이 가지고 있던 사진을 태워버리기도 한다.

생명력을 잃게 된 사진을 우리 부부는 모으고 보관하고 정리하고 보여준다. 찍은 사람도 찍힌 사람도 없어진 다음, 사진은 또 다른 방식으로 해석될 수도 있다. 남에게 아무 의미 없었던 개인의 기념사진이 역사를 증명하는 중요한 자료가 될 수도 있다.

누군가가 영원히 남기고 싶어 했던 아름다운 기억을 묶어 책으로 펴냈다. 많은 사진이 버려지고 없어지는 와중에 새로 빛을 받게 된 사진들은 어쩌면 그 자체가 타고난 힘을 가지고 있었는지 모른다.

정겨운 사진들이 다시 우리에게 옛이야기를 들려준다.

2023년 완연한 봄날에
도다 이쿠코

본서는 연변조선족자치주 도문시 도문사진관에
있던 김영걸 님께 많은 도움을 받았습니다.
도문사진관은 문화대혁명 시기에 혁명적인
이름인 '홍광紅光사진관'이라고 했다가
그 후 다시 도문사진관으로 개칭했습니다.

기억의 기록
간도사진관 시리즈 2

지은이	류은규, 도다 이쿠코
디자인	드림포트디자인 정은탁
교정	이윤옥

초판1쇄	2023년 5월 10일
출판등록	2007년 3월 28일
등록번호	123-91-82792

펴낸곳 도서출판 토향
인천광역시 중구 신포로31번길 38-1(관동2가) (우)22315
전화 032-766-8660   팩스 032-766-8662
홈페이지 www.tohyang.co.kr   이메일 tohyang@gmail.com

값 28,000원
ISBN 978-89-98135-09-6 (04910)
　　　978-89-98135-07-2 (세트)

ⓒ 류은규, 도다 이쿠코

※ 모든 사진과 글에 대한 저작권과 소유권은 류은규와 도다 이쿠코에게 있으며
　무단 복사, 복재, 전재하는 행위는 저작권법에 저촉됩니다.

※ 이 책에 나온 사진의 주인공이나 친지분은 출판사로 연락주시기 바랍니다.